Dibujando mis curvilíneas

Dibujando mis curvilíneas

Ana López Mercado

TEXTOS
Ana López Mercado

PORTADA
Ana López Mercado

MAQUETACIÓN
Andrea Gómez Expósito

NÚMERO DE EDICIÓN
Primera

EDICIÓN
Postdata Ediciones

ISBN
978-84-19411-66-2

DEPÓSITO LEGAL
V-527-2024

A todas personas que forman parte de mi vida.
A las que están y las que no.
Y, sobre todo a ti, por ser mi botón.

Anulación

Mis arterias están desgastadas de respirar aire oxidado. No estoy rota pero tampoco estoy entera.

No fuimos nada sin serlo.

Fuimos dos personas que no supieron ser una.

Los muros rompían océanos y llegaban hasta el cielo haciendo añicos las estrellas.

Mis lágrimas no salen del lagrimal porque no saben cómo hacerlo. No pueden correr, no pueden gritar. Solo saben estar estancadas en una balsa congelada.

Estamos en una pista de glaciales quemados por el tiempo y que eclosionan unos con otros.

Estoy perdida sin estarlo y tú me coges de la mano sin saber hasta cuándo durará.

Nunca estuvimos comprometidos pero tampoco dejamos de estarlo. No supimos hacer las cosas bien porque no sabíamos cómo funcionaban.

Los sentimientos estaban enquistados y se mecían unos sobre otros. Se plagaban y, sin darse cuenta, se deshacían en nuestras manos.

Mi piel está desgastada, quemada, aniquilada, aniquilada si no estás. Las gotas de agua salada recorren mis sonrisas y las marcan en un tono azucarado.

De todas formas, no pasa nada. Nada dura para siempre. Todo pasa.

Todo fluye.

Las cosas se desgastan y el tiempo también.

Reflexión anónima

<<Quererte de forma inesperada>>

No esperes que nadie te entienda.

No esperes una respuesta profunda de la gente. No esperes que nadie te escuche y comprenda. El ser humano es egoísta por naturaleza.

No intentes cambiarlo.

Lo que me gustaría

Mi regalo es esta libreta vieja, escrita de varios colores por todas partes.

Una libreta que salió a la luz hace poco. Todo el mundo la vio menos tú.

Eso no quita que fuera, sea y será tuya. Soy valiente y honesta al admitirlo.

Me gustaría que no la olvidaras nunca, aunque lo vayas hacer. Porque gracias a ti lo azul se convirtió en verde. En esperanza y pobreza. En ternura y dolor. En sonrisas inquietas que están plasmadas en un puñado de hojas con *borrajatos*.

Aquí la tienes, te está esperando.

Pase el tiempo que pase estará guardada en nuestro corazón para que puedas abrirla y leerla.

Vacío

A veces no sabemos lo que es el vacío hasta que lo sentimos. No es un sentimiento, es la nada.

Es un agujero en el corazón que te rompe y se desecha poco a poco.

A veces, sale a la luz en forma de agua salada. Otra veces se esconde en tu interior y te rompe cada día un poco más.

El espacio pasa de ser minúsculo a ser gigante. Te haces añicos y no sabes cómo afrontarlo.

No sabes, pero puedes.

Aunque tú no lo sepas, puedes hacerlo. Puedes superarlo y llenar ese vacío con tu misma esencia.

No intentes llenar el vacío con otra persona.

Eres el único ser que puede ayudarte desde dentro y arreglarte.

Ausencia

Aunque no lo quiera, te necesito. Me siento tan estúpida. Me hiciste sentir que no estaba bien, que estoy rota y lo estaba. Renací y me volví fuerte y ya no estabas. Había tantos sentimientos que no quería oír. Te llamaba sin llamarte y no me escuchabas.

Rezaba a las nubes para que me dieran una razón de por qué ocurría todo esto. No era divertido, ni tampoco necesario. El futuro era negro. Ahora el futuro es presente y bueno. No sé si es porque no estás en él.

He llorado mil veces, hecha pedazos. Estaba desconsolada y gritaba tu nombre en silencio y no tenía respuesta de nadie.

Los dulces momentos se volvían recuerdos duros y frustrantes. Pero aunque intente cambiarlo el corazón es lo que siente. Me dolía verte, me dolía suspirarte y me hacía daño.

Ya no duele tanto, ahora entiendo tu ausencia y a veces doy gracias por ello.

Soledad interna

Suenan violines en mi espalda. Intento no llorar pero puede conmigo. Intento encontrarme pero es imposible.

Pienso que algún día seré capaz, aunque me lleve mil años. Los árboles de mi ser están secos.

¿Conseguiré algún día agua para regarlos y que puedan florecer? A veces, en mi mente no encuentro el espacio necesario para poder pensar.

Todo se vacía y las hojas se despojan de mis sentimientos. Cogeré las piedras de mi piel y las pondré en mi río y en su lugar.

Tengo esperanza, porque aunque me sienta en una soledad profunda, en realidad, no la tengo.

Hay alguien más

Una parte de mí quiere verte y seguir conociéndote. No quieres cruzar la línea ni romper el muro.

No te gusta sentir y lo dices en voz alta mientras yo te rebato suavemente mirándote a los ojos.

No quieres dejar que entre en tu mundo, pero sé que quieres que lo haga.

Estás perdido, tienes una lucha contigo mismo y la pagas conmigo.

Me observas y te duele sentir lo que sientes.

Habrá algún momento en el que te arrepientas. Llorarás y dirás que fallaste.

Dirás que te equivocaste y yo te daré la razón desde la distancia.

No me hables, no hace falta para comprenderte, aunque me duela.

Sobredosis

Morimos de sobredosis sentimental.

Valor(arnos)

Nos cuesta tanto ese sentimiento.

Lo tenemos en las manos pero se nos derrama como el agua.

Bebemos de él, comemos de él, pero todo es ajeno. Pocas veces es propio.

Ese persona es perfecta para ti y, muy probablemente, maravillosa para ella.

No tenemos el valor para indagar en nuestro propio ser y poder querernos lo suficiente.

Tenemos el valor para mirarnos al espejo y sacar defectos pero no las virtudes.

Hagamos las cosas al contrario.

Valorémonos, vamos a querernos como hacemos con otras personas.

Saquemos las fuerzas para implantar la semilla del crecimiento y del auto cuidado.

Somos mucho más que reproches. Somos mucho más que errores.

Somos vida

Mi voz

Querido yo.
Siento no poder salvarte.
No poder recuperarte del dolor.
Del desgarro que sufres con esto día y noche.
De la soledad que transmites por las calles mientras la observas.
Ves cómo son felices y tú cada vez estás peor.
Intenta sobrevolar la montaña que te encadena a la tierra.
Otra parte de ti te dice que se pasará, pero te duele porque la sonrisa no es tuya.
Suenan miles de coros gritando tu nombre pero no puedo hacer ni decir nada.
Ni siquiera puedo susurrar un te quiero interno.
Me dejaste.
Se me fue el corazón.
No te puedo convencer, no te puedo engañar.
Pero aun así suenan cuerdas desafinadas al fondo del pasillo.
Mis voces no se ponen de acuerdo.
Lloro y canto de amargura.
Todo ahora mismo está roto, como yo.
Como nosotros.

El final

De todas las razones elegimos la peor para estar mejor.

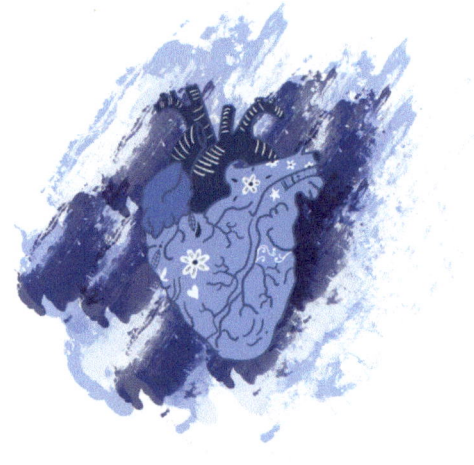

Espejos resucitados

Las nubes de colores atravesaron mis espejos y gracias a ellos resucité en un manantial de bondad y armonía.

Al principio, no sabía dónde estaba, pero poco a poco supe discernir los lugares de la naturaleza interior.

Fueron las luces que me guiaron al ser espiritual. Fuimos nosotros los que les acogimos con su sonrisa.

Tú

Todo se trata de lo mismo. Salir a correr por el valle buscando un bello manantial. Las olas de las hojas nos guían paso a paso. Sin pausa, sin temblores.

Todo marcha sin problema alguno. Ninguna herida sucede. Ninguna tormenta de sol desvanece.

No hay problemas cerca de mí. Todo marcha bien, todo va bien.

No hay estrellas sin constelaciones detenidas por un ser iluso.

No hay manchas en mi camisa. Tampoco hay remordimientos de lo pasado.

No hay estrellas suficientes que quemen la libertad.

Dolida

A veces, se sufre sin saber por qué. Nos damos cuenta muchas veces del dolor. Los gritos se desmiembran. Las ganas de llorar se desatan. Las lágrimas se caen y se derraman de una en una. Las aguas se desbordan y las tormentas se esconden. Las ganas de vivir se desvanecen y la rabia crece. El sol fallece y la cualificación del alma se aparece en mil fragmentos. Todo se escapa, todo se difumina. Las señales se muerden la cola. Miras sin cesar cada ola y marea del mar inventado.

La lástima crece en el interior y, poco a poco, sale al exterior.
Todo pasa, todo crece.
Todo desvanece.

Las islas

Las islas están separadas, pero nunca están solas. Forman un equipo desde la distancia. Son amigas, son una estructura irrompible. Cada una es importante e imprescindibles. Son fuertes, son independientes, pero también están juntas.

Es el poder de la amistad: conexión infinita.

Duele(s)

Verte me duele. Observarte me hiere.

Todo es un compendio de estructuras inertes que se funden para dolerme.

Es un texto sin forma.

Es la perdición hecha en persona. Es un huracán con miles de hojas volando alrededor. Es valor y destrucción unidos en unos. Son sentimientos innatos que se funden con las Luces de nuestros ojos. Esas Luces se derriten para formar un glaciar enrevesado y hecho polvo en cieis tales azules.

Llorarme sin decirme nada, hablas sin pronunciar palabras alguna.

Nos besamos sin saber que vamos a despertar. Sin saber si voy a resucitar.

Sin saber si voy a estar ahí.

Canoa

La tristeza aborda mi canoa inesperadamente.

Los sollozos se visitan cada noche sin preguntar previamente.

La naturaleza es un caso inesperado.

La rabia fluye. Surca por el agua en líneas redondas que cubren mi rostro.

Los ojos palpitan en un suspiro.
Las ceras pintadas en mi cara desaparecen,
La pintura cae.

Todo cae si la nada está aquí.

Fuimos

Pero, que hayamos sido no significa que seamos, ni que volvamos a ser.

Granizos

Me acercaste a la hoguera de poderes mágicos que decidían cuál era nuestro destino.

La apagaste y la secaste con agua de lágrimas de sal. Solapaste mis heridas y las hiciste polvo para enterrar nuestras flores muertas del corazón.

Las mariposas se volvieron orugas y las hojas se secaron. Los ríos y las cascadas desparecieron y las nubes brotaron de los terrestres. Las canciones se manipularon y las luciérnagas y se apagaron.

La mediocridad se convirtió en normalidad y nuestras hogueras volvieron a soñar.

Despertar

El corazón se granizó en el desierto. Mi desierto se agujereó pensando en el pasado de mi retorno. Nos esfumamos en añicos y nos fundimos con odio y amor en un torbellino de oportunidades vacías. Estábamos desencajados y llenos de roturas inertes.

La lluvia se pega en mis huesos mientras paseo, me despierto abriendo los ojos. Las tormentas sucumben a mis llamadas desenfrenadas. El reloj se para dando vueltas inconscientemente. El termómetro no termina de explotar. Mis sentimientos son un volcán sin llamas…

La vida pasa y no nos damos cuenta. Se disipa en cenizas.

Cinta de película

La noche era lúgubre y hacía frío.

Entré por la puerta y sólo quería un consuelo en la luz del interior, pero tú ya habías regresado a tu lugar.

Días después, mostraste tu rostro en el mismo lugar. Estaba emocionado e intentaba encajar los sentimientos que se producen cuando habla de ese tema por el que daría la vida.

Y no hemos regresado a las calles que nos quedan por reconocer, que nos quedan por distinguir y rebatir.

Es la sedación de salir del patio y que el horizonte se vuelva rojo, que las margaritas se vayan para no volver y que la brisa nos acune con la mirada.

Mi imagen se reproduce en miles de tonos y, a veces, solo irradia una inocencia que se ha esfumado.

Sigues caminando por las mismas fronteras y muros llenos de espinas. Esas espinas nos ahogan y a la vez nos hacen ver que hay una salida.

Amanecer

Que la noche llega, las estrellas nos deslumbran, los pájaros anuncian nuestras conversaciones y las flores están llenas de secretos.

Y seguiré recorriendo miles de manantiales para que se limpien nuestras heridas. Que me pueda trasladar sin pensar y que hagamos una obra teatral con todas las mentiras que decimos a lo largo del día.

Que mi sentimiento sea más fuerte que una promesa y me recuerde que el vendaval me llevará a mi lugar.

Cada momento, cada lugar se cruza en mi cabeza.

Divides los tiempos y las luces para pasar a otro espacio sideral.

Nadar en un lago emocional que llega al paraíso y poder respirar un aire limpio que hace años no había inhalado para darme cuenta de que mi nobleza ganará a todo este mundo caótico y catastrófico que en verdad nos rodea.

Raro

Circunstancialmente
vi tus distancias bilaterales y lentamente
no me importó hablarte con cariño.

Nos hicimos mayores y las velas se quemaron.
Tuve las ambiciones demasiado altas.
Subimos las escaleras y mis sentidos se rompen.

Y todo es como…
Como que no entendías por qué me costaba aceptar que fuera
taaan rara.

Intenté escalar lo más alto pero no me sentía especial,
y aunque todo el mundo me lo diga,
es una sensación que me hace sentir todavía más rara.

Escucha y entiende que había miles de razones para estar aquí.

Pero solo una razón bastó para que no sucediera.

Sentir que nadie te comprende mientras caminas por la calle y
escuchar una canción para que alguien lo haga.
Pero mientras lo hace, mis sentimientos son como que
no me importar reconocer que me hiciste querer mostrarme
taaaan rara.

Y por mucho que me duela es lo que soy.

Escalé y me sentí tan especial, aunque todos me lo dijeran ya no era un sentimiento extraño.

Hubiera pagado por mí, hubiera pagado para que no me hubieras hecho llorar.

Pero brillaría por mí, para no repetirlo más. Hay miles de mariposas que vuelven a volar.

Nos suben las miradas y nuestros sentimientos son como…son como… que nos importa reconocer que sea una situación tan rara que inevitablemente todo cambia de parecer y que no hay alas que nos hagan crecer.

Pero el orgullo que sientes es algo que no va a desaparecer. Lo conseguiste. Conseguiste que me quisiera mostrar especialmente rara.

Para Paz

Mi sonrisa puede contemplar que se habla de mí, que soy equilibrio y coherencia. Recorro miles de vías y cruzo túneles y puentes. Escucho y comprendo, pero a veces no basta.

Me pondré mi armadura y demostraré todo lo que valgo y valdré. Dejaré atrás el ayer y ganaré el futuro. No tengo frenos para que me paren, pero tampoco me estrellaré. Por muchos atascos, decepciones y retiradas obligadas seguiré siendo fuerte e imparable.

Luchas y sabes que lo estás haciendo bien pero que no tienes salidas. Sentir que solo tengo suerte en el corazón y a veces ni eso. Aunque la realidad no sea como es mi sensación, es lo que me basta para darme cuenta que no tengo que parar.

Soy invencible y demostraré mi valía y verán que nadie ve el futuro y que no soy como creen que me han estructurado y que a la persona que no tengo que fallar es a mí.

Gritaré y gritaré y aunque me salgan lágrimas de desesperación algún día llegaré a la cima por muy helada que esté.

Engancharé una cuerda al sol y la vida volverá a aparecer y no lo haré sola, estaré con la gente que he querido, quiero y querré.

Dinamita

Que el miedo a nuestra destrucción no nos destruya.

Historia clásica

Me miro en frente del espejo, intentando ser tan feliz como siempre o aparentando serlo.

Bailo con el vestido, mientras giro la cabeza y los rizos se mueven.

Y solo respiro mientras las trompetas de la despedida suenan. Lo peor es que es verdad. Presumimos de inteligencia pero esto solo nos suponen pérdidas.

Me doy la vuelta y me acerco a la ventana. El cristal se me refleja y miro al horizonte. Todos están con sus sacos sin posible vuelta y, de repente, estás tú. Te das la vuelta, me despiertas con la mirada y me despido de ti.

No rompo a llorar porque no puedo, ni debo, no voy a gastar mis posibles minutos de vida en ser infeliz.

Pero, todo se rompe, se paga verticalmente, deja de ser tan maravilloso como siempre para pasar a ser real.

Y de repente…

Las paredes se rajan.

El cielo se cae en cenizas. La humanidad arde.

Me derrumbo en presentimientos de cristal microscópicos. Me duele de forma insospechada y sé que esto está provocado porque alguien se sentía putamente solo.

Me duele

Me duele que familias caigan, que ciudades desaparezcan, que la gente viva escondida… y me perturba tener que gritar por la calle pidiendo ayuda antes de inhalar el último suspiro y pálpito de mi corazón.

Aunque ya no pueda ver cómo me sonríes en directo me lo imagino. Te echo de menos. Aunque piense en ti, no puedo hablar contigo.

Nos hemos perdido sin querer hacerlo. Nos hemos consumido sin haberlo hablado. Te he visto de cerca y en la distancia. Te he tocado dentro de mi respiración. Me has acariciado la piel, el corazón y los ojos en forma de lágrima.

Mis cristales se rompieron. Tu mariposa voló de la habitación y se esfumó. Las amapolas de mi jardín desvanecieron.

Me quedé sola y naufragada.

A pesar del dolor te imagino a mi lado feliz. Estás de pie y me sigues esperando como hace meses.

No necesitamos canciones porque ya tenemos notas musicales. No hablamos de sentimientos porque ya nos escribimos entre ellos.

No eres capaz de mirarme y de hablarme a la vez. Se te cruza la palabra y se rompe la sílaba. Estarás en la incomodidad pero yo no puedo estar en tu presencia sin derramar mareas.

Aunque te haya perdido sigo viendo tu orgullo y las ganas de que crezca. No me importa que no quieras contestarme porque esto produce que quiera ser mejor.

Seré más libre.

Te seguiré queriendo de una forma distinta. Me sentiré rara. Me abriré. Disfrutaré.

Y comprenderé que mi vida se escapa si espero a quien no tengo que esperar.

La única persona que merece mi tiempo soy yo.

Mi juventud pasada

Al principio te dije que escribía sobre sentimientos. Me dijiste un "yo también" y mi pecho y corazón se iluminaron y sintieron un alivio. Se me quitó de encima un peso ligero que me rompía las piernas.

Estabas obsesionado con analizar las letras de las personas, estudiabas sus caligrafías y sus significado. Me daba miedo que me descubrieras lo que era o lo que creía que era. Nunca te dejé mis letras, mis papeles, mi alma.

Me escondía en edificios debajo del agua para escribir por y para ti pero siempre lo escondía.

Llegó un día que te fuiste… Te fuiste para no volver y guardé todos los escritos, todas mis palabras, sílabas y comas. Dejé mis puntos y puse mis frases en una libreta caligráfica.

Pasaron demasiado años, yo estaba perdida, estaba rota, estaba debajo de un glaciar, estaba hecha escombros… Entonces salí a la luz y mis frases vieron cómo el Sol las iluminaba.

Nunca las verás en mi cuaderno pero sí públicamente. No eran para ti, era para olvidarte. Era para poder dejar de quererte, aunque me hiciste valorarme, tu ida me hizo más fuerte.

Gracias por haber estado y por haberte ido, no porque te odie, sino porque me has hecho crecer, por eso te sigo queriendo, de otra forma pero queriendo.

Indagando

Tenemos un tipo de cariño que jamás habíamos tenido. Hablamos en círculos y ponemos la mitad de las cartas en la mesa y no llegamos a ningún tipo de conclusión. Supongo que es porque no nos atrevemos a ver ni afrontar la realidad. Y aunque mis sentimientos me duelan, estoy feliz así. Querer a alguien que no puedes tener, a veces hiere demasiado.

Todos los momentos duros y todas las tormentas pasadas nos demuestran lo que puede hacer nuestra unión. Les preguntamos a los matemáticos y no tienen fórmulas para nuestra conexión, los químicos no encuentran reacciones suficientes y los físicos no ven las órbitas. Y es ahora en la noche cuando las luciérnagas salen a nuestro alrededor e iluminan lo que sentimos y nos llenan de auras doradas.

Porque para mí una sonrisa tuya son mil mías. Saber que simplemente quiero un abrazo cuando me consuma la tristeza y aceptar que, aunque odie el contacto físico, el tuyo me gusta. Porque querer a alguien es duro, pero también es lo más bonito e inocente del mundo.

Que te duela mi dolor es algo incomprensible para mi cerebro y mi corazón. Será porque se ha cansado de sufrir y de tener ilusión por algo que nunca ha existido. Pero, ahora es distinto, existe pero está oculto en miles de garajes de los que no tengo llaves.

No me importa esperar, no me importa estar sentada viendo el horizonte y pensar como hago siempre, porque sé que es como me quieres, así, como soy yo, sin artificios ni preponderancias.

Las hojas otoñales

Se rasga noviembre y me siento estúpida. En cambio, cuando te conocí, volví a esta historia y este lugar y veía todo gris. No sabía cómo sentirme y si me estaba mintiendo. Pensaba que todo era una equivocación.

Atravieso mi respiración y me travieso a mí. Y puedo estar segura de que lo que siento es algo peculiar, pero que este dolor se fue para siempre. Los sentimientos que he cogido son más grandes. Sé cómo luché contra ellos y deseé que no pasara y que se perdieran. Mandaba señales para poder afrontarlas, pero no funcionaban. Pero, atraviesas mi respiración y mi interior, de otra forma distinta. En cambio, puedo seguir diciendo que lo que siento es peculiar.

Que tu dolor no pueda con tu rencor, y que cuando creas que has perdido no te apartes para estar mejor otra vez. No te han hecho para el frío ni para la violencia en la oscuridad. Saber que lloras antes de dormir y no poder pararlo…

Serás tú el que atraviesa mi respiración, al menos eso piensas. Si supieras que pienso que no has perdido. A veces no te quiero escuchar…

No dejes que te atrape la oscuridad, ni que te quieras apagar. Y puede que sea verdad y estamos atravesando nuestra respiración sin hacerlo y sin entenderlo, pero podemos estar seguros que esto es peculiar y que será para siempre.
Porque para que te entiendan solo tienes que salir a la luz y dejarte escuchar. Y yo te quiero escuchar.

Pensamiento positivo a medio camino

¿Podremos hacerlo?

Atrevámonos aunque pueda doler.

Pongamos en palabras todo lo que nos queremos decir.

Hazme otra vez una sonrisa para que podamos empezar.

Saber que todo será fácil y estará bien, que solo se necesita estar y ser consciente de que puede que te quiera un poco por el camino.

Aunque el futuro esté indefinido pagaría por vernos. Quiero ver cómo me quitas el pelo de la cara, cómo me coges, ma haces volar de las vueltas y me haces sonreír.

Tener esperanza no es dañino, lo malo es cuando rodamos la película y no tiene el guion que nos obsesionamos por escribir en nuestra cabeza.

Y la esperanza de que te haga un poco más feliz y sepas verlo no se me tiene porque ir.

Me quiero sentar contigo con un café en la mano y hablar y reír como si estuviéramos en una película francesa.

Las hojas cubiertas por los árboles

Quiero que los colores de otoño nos abriguen y cambien de tonos con el paso del tiempo.

Y quiero poder y quizá pensar que puedes acabar en el porche conmigo comiendo chocolate y hablando sobre la vida.

Así que, aunque tardemos, demos el paso, así todo irá bien.

25 de noviembre

A veces piensas que te toquen sin permiso está a la orden del día. Tomar decisiones sobre tu cuerpo y emociones a veces parece hasta normal. Tienes que estar quieta, callada y sin quejarte. Tienes que ser "buena chica", anularte como persona y dejarte hacer. Tienes que dejar que te agarren del cuello, te hagan daño y te bajen la cabeza hasta la mínima existencia. Tienes que dejar que te llamen puta y mala persona después de que se hayan aprovechado de ti. Tienes que ir serena y discreta a todas partes. Tienes que ir a casa acompañada con unas llaves en la mano. Mejor no te pongas escote, total no te están pagando. Tienes que esconder tus rodillas sangrientamente debajo de unos pantalones y decir que te has caído por torpe. Es verdad, te has caído, aunque más bien te han tirado. Te han usado, echado a la basura y desechado.

Te sientes mal, culpable y te quieres morir. Piensas que eres una mentira y una decepción. Piensas un nadie te va a querer después de sentir sus manos frías en tu piel. Tienes que aceptar que tus amistades ya no lo son porque eres una guarra y una puta barata. Tienes que aceptar que llamen a tu puerta y tengas que abrir obligatoriamente, es lo que tienes que hacer, es tu obligación. Tienes que poner un pestillo en una habitación ya que tienes miedo a que te despierten en medio de la noche. Tienes que maquillarte un ojo de morado porque el otro ya te lo han maquillado a tortazos. Tienes que apagar el móvil por miedo a que te llame. Sientes que te siguen por la calle constantemente y cuando oyes su voz el mundo se viene abajo una y otra vez.

Tienes. Tienes que...

No, no tienes que hacer nada. No tienes que aguantar, porque yo digo que no, que se acabó. No has nacido para que te utilicen, para que se rían de ti, para que te usen como a cepillo viejo. No tienes que aguantar un dolor innecesario. Levanta la cabeza que te hicieron bajar. No ocultes tu dolor, aunque no lo creas hay gente a la que le importa. No escondas tus lágrimas derramadas por tus moratones. No dejes que te peguen más de lo que han hecho y si tienes que gritar, grita, y si tienes que llorar, llora. Porque no estás sola, no tienes que acostumbrarte más a eso.

Ojos a observar

Ando por la calle con los cascos puestos sin escuchar ni una nota musical. Tengo el pelo suelto y el viento hace que me dé con él en el rostro.

Nunca quise saber de ti, ni siquiera lo intenté. Pero ahora soy adicta de la idea de poder hacerlo. Aunque todo está lleno de inseguridades y obviedades.

Hablo con la Luna y me responde sobre el cielo y las estrellas, pero no las veo porque solo te puedo mirar a ti.

A veces, pienso si los errores son malos o están bien. Si lo piensas bien para qué vas a sufrir si no tiene por qué. Esta es la moraleja de la historia: "para qué".

Quiero recordar en mi memoria el papel guardado para ti en un espacio del bolso. Algo que nunca te di.

Todo es tan volátil, como mis pinturas o nuestros encuentros no románticos. Y siempre te digo de callarte por pura indecisión. Es ahí cuando pido opinión y me dicen que de jóvenes, inocentemente, nos equivocamos.

Sigo andando por la calle con el abrigo a medio poner y mi pelo alborotado. Sigo con la conciencia tranquila aunque tenga dudas generadas. Sé que no va a pasar nada y por eso está todo bien.

Tengo miles de libros en la mesa y todos están por leer. Todos menos los que tengo con su voz. Ha llegado el momento en el que todo me da igual y solo escribo escaleras de páginas gastadas.

Necesito decirte todo, porque a veces cometemos fallos que no sabemos ni cómo están. Como limpiarte el rostro, por mí, por ti, para estar bien.

Y esta es la real historia de algo que no empieza pero si acaba.

El principio

Me muevo por la almohada con el rostro caliente de haber derramado lágrimas infinitas por ti. Me duelen los ojos a un nivel que podría ser divertido pero es una equivocación.

Te quería decir lo que te necesito, pero no quiero luchar más hasta estar segura de que será posible. Estoy cansada de perderte, segundo tras segundo, día tras día y año tras año.

Tu distancia cada vez es más grande y me siento sin sentir en un lado de la cama. Siempre dije que la tóxica era yo, que la que hacía daño era yo. Pero ahora, la que está rota y aniquilada soy yo.

Me dejaste tirada mil veces en la calle mientras me ponía a llorar. Me dejabas sin contestar cuando más te necesitaba y te quejabas de mi nivel de voz.

Estoy cansada de decir siempre que fue la que hizo todo mal. Estoy cansada de no valorarme y de no saber que tú también impartiste toxicidad.

Supongo que el odio que engendras hacia mí tampoco ayuda y que hayan pasado años y no seas capaz de decirme un simple déjame en paz. Lo que más me duele es que no perdones algo que una enfermedad causó. Me sentí culpable durante años hasta que comprendí que no fui yo.

Ese es el problema, no fui yo pero sí fuiste tú.

Problemas varios

Estoy sentada en la camilla, calentita y no puedo dejar de pensar en ti sólo por una razón. Suelto una lágrima mientras duermo. Miro tu foto en polaroid y no puedo evitar pensar en qué sucedería. Supongo que problemas diversos.

Intento decírtelo todos los días pero solo hay una razón que me para. Pasamos por miles de sitios con nuestros abrigos cortados por el frío y el viento peinando nuestro estropiciado pelo. Me paro un microsegundo y tú te paras conmigo. Supongo que estoy acostumbrada a que la gente siga andando cuando me paro por la calle. Siguen su camino y nunca te esperan, pero tú sí. Te paras y me colocas el abrigo para que, según tú, no pase frío.

No paso frío si estás conmigo, solo lo tengo cuando te vas y me dejas para soñar con otras personas que quizá te utilicen y no te quieran de la forma que te mereces. Me quedo fría y sin mi manta cuando te observo hacerte daño. Me quedo congelada cuando respiras a mi lado, cuando te oigo respirar y cuando sé que yo no lo puedo sentir a mi lado.

Te miro y no soy capaz de no sonreír, de sentir feliz y de querer decir que aquí me quedo, pero no puedo. Me dirías miles de cosas que gente y nuestros amigos dicen. Pero a mí no me importa lo que digan y piensen, lo único que me importa es lo que piensas tú.

Te perdí

Te perdí en mi mente, porque ya no pienso en ti. O eso creía.
Ya se verá si al final te encuentro.

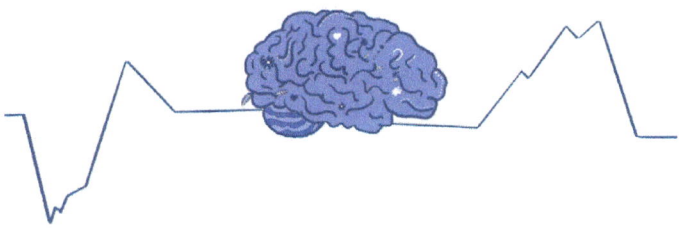

En mi sofá

Me siento en la silla de frente a leer un libro lleno de dibujos.

Nadie entiende mis acciones disparadas por una ansiedad que convive conmigo.

Miro las películas y no tienen sentido. Analizo y analizo pero solamente me angustio.

Ninguno de mis amigos entiende que no pueda dormir por las noches una hora seguida. Pero sí saben lo que es un temblor incómodo en el cuerpo.

Es como las series en las que corren demasiado deprisa y pierdes el argumento.

Colgar un móvil de dinosaurios de colores porque te sientes más segura. Contar las estrellas que tienes en tu cabeza. Dibujar mientras bailas con las manos. Son momentos de fulgor que me salvan.

Pero estoy bien aunque nadie se lo crea, podría ser simple pero es complicado.

Como siempre.
Como de costumbre.

Teselas

Como una tesela de luz de colores que se mueve y se calienta según la temperatura del ambiente emocional. La tela es inestable, como todo.

Sigo sin entender cómo el respirar se puede estropear con una aspiración. Pero, si entiendo que cerrar los ojos da paz, placer y bienestar.

Por un minuto, pienso que nada es cierto. Que todo es como es, pero de una manera dilatada en espacio y tiempo distintos que convergen en el mismo punto.

Estaré bien y fascinada sentada, pero esta vez en un sofá azul noche mientras leo mi libro de hermosas y preciosas palabras.

Con el papel en las manos

Suenan las notas temblorosas de un piano que no es mío. Coges la carta en blanco y doblada en cuatro trozos. Te vas metiéndola en el bolsillo del pantalones

Y puedo sobrevivir sin esto y puedo comprender que hay que poner océanos y galaxias.

Corro por el silencio y parece fácil. Hablamos de todo sin intentar doler pero doliendo. Pueden sonar divertidas las consecuencias pero los tratos se rompen.

Te vas y vuelves a tu antojo provocándome un glaciar. Giras a mi alrededor y, mientras, puedo volar.

Soy valiente y fuerte, lo que hace que me pueda amar en la oscuridad.

Y diré un "ey" a modo de salvación de la soledad.

Nadaré y bailaré a lo alto y podré salvarme una vez más.

Rompes, aniquilas cada palabra como te da la gana. Pasan las páginas de los libros a la luz del sol.

Caminas por las calles céntricas llenas de edificios y coches demasiado rápidos.

Fotografías a las personas mientras esperas a no saber qué.

Enseñas lo que no tienes que enseñar y lo que tienes que mostrar no lo muestras.

Quizá, seas un traidor que se duerme en las pesadillas, que nos mece por la noche y nos despierta por el día.

Pasando segundos y semanas, la galaxia se recogerá en miles de puntos mientras pasas por ella.

Porque mucho que me duela la mujer que va a resultar de esto merecerá la pena ser escuchada.

Click

Eres mi click.

Dicen que el amor no puedes guardarlo, porque si lo haces te enfermarás y morirás. No quiero morir porque lo único que quiero es reírme contigo.

Te buscaré y te encontraré como nos encontramos la primera vez.

Y esta vez no me iré.

No tenemos un hilo rojo, tenemos un hilo de estrellas y galaxias que nos unen como nos unieron nuestros ojos nada más vernos.

Luz de colores

Dicen que me he perdido en el cielo entre una estela de luz de miles de colores.

Me asomo al horizonte con mis armas en la mirada. Estoy en un precipicio y solo miro las montañas que me rodean.

Vivo siempre en la cima aunque parezca que me caigo de forma estrepitosa todos los días.

No soy normal, aunque todos somos distintos, yo tengo algo que traspasa el alma de las personas que conozco. Llego al corazón y no a la mirada. Llego al cariño y la comprensión.

Durante años, me ha costado ver mi valía, mi conocimiento y mi inteligencia y la he descubierto.

Gracias a todas las personas que me rodean de amor, gracias a sus discursos, gracias a sus abrazos para calmar mis lágrimas me he dado cuenta de que quiero y quiero ser querida por ellos.

Ellos están en mi cima, dándome la mano y rodeando el pico más helado de mi universo.

Nunca nos fallamos, cometemos errores sí, pero somos humanos.

Seguiremos en el espacio, rodeados de nuestras órbitas y nuestra banda sonora favorita nos deleitará con sus suaves sonidos instrumentales.

Me encuentro y siento bien

Me quiero a mí misma.

Por una vez miro al espejo, lo toco con la mano y me reconozco. Puedo decir quién soy por un segundo. No importa que sea un instante, lo que importa es que me veo. Veo a todas las personas que me han formado, que me han enriquecido, me han nutrido, me han querido y me han dañado para sanar y crecer mucho más fuerte y vivaz.

Puedo reconocer que hay miles de imágenes que no son mías que me representan, me identifican, no soy yo pero me siento como si lo fuera.

Sentirse reconocida de una forma externa hace que nos encontremos de forma interna. Los fallos y logros de los demás se reflejan en nosotros como una estela de luz que nos encienden nuestros deseos, ideas, ambiciones y temores.

Escribir una línea recta y ver que estás más cómodo con una curva es vivir. Porque nada es recto, tiene más forma, tiene más sentido, más sentimiento y fulgor.

Acordarse de ti mientras te piensas y ves lo que ha crecido tu pelo. Verte en fotos y ver que ya no eres la misma persona, ni por fuera ni por dentro, quizá más por dentro.

Coleccionar miles de recuerdos en una hilera y llorar de emoción porque conectas de forma directa y estrecha con tu vida.

Sentirse vivo es lo que importa, porque estar vivo no significa que sientas que lo estás.

Latidos

Como bajar las escaleras con un vestido brillante como la realeza y que me esperes desbordado y emocionado. Que me esperes con tus ojos luz. Que me esperes con tu luna blanca en la boca. Que rasgues tus ojos cuando nunca lo haces.

Eres tú. Eres tú el que me da la mano y me secuestra para salvarme de la vida que no tengo. Huyes conmigo corriendo de las bombas. No nos paramos porque queremos escapar, queremos que nos dejen de observar, de juzgar y de complicar.

Siento que nuestros zapatos vuelan por los escalones, por los alto que es nuestro tembloroso suelo. Solo quiero que me agarres, que tu frío se calme con mi calor. Que nuestra belleza supuesta salga del corazón, que nuestro cariño se expanda en nuestra alma.

Que sepas que eres tú y siempre has sido tú. Que mi pelo dorado sea acariciado. Que me digas que tienes escalofríos cuando los tengo. Que me abraces y me traspases todos tus pensamientos. Que te acaricie la cabeza y te calme con un *ey*. Que te quiera como te quiero, pero que no me duela como duele.

Seguiré volando bajo nuestra mochila, bajo nuestras conexiones y constelaciones y así, poder vivir.

Bajo la lluvia

Damos vueltas bajo la lluvia con los brazos haciendo círculos. No queremos que este momento se acabe. No queremos distanciarnos porque cuando venimos nosotros, nuestra luz cambia de sentido.

Es ver una frase tuya a cada hora del día y aparecer una cálida sonrisa en mi corazón. Tus buenos días me despiertan de la noche y tus buenas noches me avecina un buen día.

Acercarme a ti para poder averiguar cómo te puedo besar, cómo poderte acariciar.

Formidable, admirable y deleznable

Caminar por la carretera mojada por la lluvia vacía y encontrar en los cables de las farolas las zapatillas con los cordones atados. Tirarte al suelo quemado por el calor de la Tierra desangelada.

Es formidable, es tan formidable ver cómo el mundo sigue después de tanta destrucción.

Es formidable aquel bebé que mira a su madre a los ojos para salvarle la vida de una enfermedad.

Es admirable la mujer que lucha día tras día para sobrevivir de una paliza de la persona que creía que la quería.

Es tan formidable aquel hijo huérfano que cuida a sus hermanos para que puedan tener una vida idónea, esa que él no tuvo.

Es admirable la persona con una salud mental ímproba que lucha contra la caída de sus muros y su sociedad arcaica y atrasada.

Formidable es la niña de un país tercermundista que va al colegio todos los días, luchando por su educación y atreviéndose a que le atraviesen la cabeza con una bala.

Admirables son esos policías que luchan de verdad por la justicia y la ley, esos economistas que no están movidos por el hurto y aquellos famosos que dan millones a desfavorecidos no para que su fama suba y sus impuestos bajen, sino para que el bienestar se agrande.

Es deleznable encontrar un mundo de terror, de esquinas cubiertas por dolor, de arrebatos de ira e injusticia, de sangre imparcial que nos cubre las paredes, esa que cubrimos con la mano débil para apoyarnos en ellas antes de caernos rendidos por la derrota.

El mundo sigue adelante porque entre tanta oscuridad hay gránulos de luz que os encienden las esperanzas que una vez se vieron escasas.

Decían que éramos pequeños desde que nacimos, pero esa grandeza de tus acciones convierte al mundo en algo mejor o, por desgracia, algo mucho peor.

Acabaremos en el asfalto caliente y derribando batallas y las personas admirables lucharán y vencerán los actos deleznables que no envenenan y nos congelan. Descolgaremos las zapatillas que avecinan una muerte furtiva y sacaremos los cascos de música, los pisaremos, los haremos añicos y luego pondremos lo altavoces de la vida.

Suenan

Suenan los cascabeles desde la cuna y los queremos tocar y rozar con las puntas de nuestros dedos.

Nos ponemos las gafas de sol para no deslumbrarnos con nuestra sonrisa.

No sabemos qué vamos hacer, pero sí a ser. Brillan las luces de las botellas de los árboles.

Corremos y corremos bajo la lluvia en la llama terrenal y nos damos las manos mientras saltamos.

Eres la única persona con la que quiero estar.

Estoy harta y cansada de tomar decisiones que no son mías.

Aparcaré mi coche invisible e imaginario en la única puerta en la que lo quiero hacer.

Y haré todo lo posible para que los cortes de mi mente se vuelvan realidad.

Caminaré por la pasarela con mi vestido de encaje color honestidad y me esperarás.

Pero, para todo esto, hay que esperar y aceptar.

Y no me importa

Andando por la calle rozando las lentejuelas de las flores y con mis tacones que nunca me pongo. Soy una espectadora de la vida o de nuestra vida, una que no existe.

Común, andando de una simple y común mientras cruzo las piernas y choco las rodillas. Toco mi sombrero y lo bajo a la cabeza cuando siento que te despides. Me despego unos metros y tengo que darme la vuelta para dejar de decirte adiós para cambiarlo por un hasta luego.

No me importa. No importa lo que sea, lo que sepa y el cómo. Somos nuestro faro de la verdad, somos una desdicha sin decir.

Y no voy a esperarlo porque ya ha llegado. Soy libre y profunda como un lago lleno de manantiales cubiertos por las hojas verdes del invierno.

Solo quiero un rato para parar, para luego proseguir el camino de nuestra faro, para alumbrar esquelas de gente que está muerta en vida. De personas que tienen un botón de incapacidad en el corazón.

Me entretengo con las sonrisas que cruzan mi camino, pero es que no me importa. Lo que sí me importa es ser verdadera, seguir con mis ideales y unos valores que durante años conformé para poder seguir.

Esos valores que me iluminan y me envuelven con telas rojas, unas telas que me llevan al cielo y me hace flotar en él hasta el principio de las luces sin ser estrellas ni estar estrelladas.

Una sensación casi perfecta

Meto mi cuerpo en el agua cristalina y templada esperando todo lo que me queda por vivir en la vida al lado de una pared blanca infinita.

Maldiciendo esa meta y esperando sentada nuestro tiempo que no pasa por nuestro lado.

No sé qué pasará en el parque al que nunca fui. Me tengo que detener porque quiero ser historia, una historia a favor de mi voluntad, esperando en la estrada.

No me basta que las calles no se corten y las rotondas no se crucen. Que los semáforos se detengan para siempre en un rojo congelado. Que la vida me detenga o intente hacerlo. Que todo lo que mientes se vuelve verdad. No me basta saber que puedo tener una vida perfecta si en realidad no la quiero porque no sé cómo es el concepto.

Volveré a las gradas siempre sentada, sonriendo con mis rizos cortados. Aguantando algo que no hace falta hacer porque ya vivo con ello.

Con mi marea.
Con mi lluvia.
Con mi amor.
Con mi dolor.

Y con todo mi yo.

Me haces feliz y triste a la vez.

Te encontré en una noche de poca lluvia. Te encontré en medio de un bar cuando, en el fondo, no nos gustan los bares. Nos gustan las personas pero no sus pensamientos. Me haces mariposas todos los días especiales y hermosos.

Me siento como un pájaro encerrado en en una jaula. Me siento como mil peces en una pecera atasca en formol.

Me destruyeron el corazón, me mataron mi forma de querer y aun así me querías. Me querías de forma incondicional aunque yo sólo era un espejismo roto. Me hacías sentir bien aunque cuando salía de tu luz, la oscuridad me atrapaba y me moría en su luz. Te quiero, aunque me prohiban hacerlo, siempre lo haré.

Eres mi adversidad declarada sin declarar.

No necesito que me manipules, ni visual ni emocionalmente

Tuve que estrellarme para llegar directa a ti.

Es como mirarte a través de las pompas de jabón mientras les atraviesa un rayo de luz.

Intentaron frenarme pero no lo consiguieron.

Entre tantas líneas perdiste tu obra de arte.

En una noche después de haber terminado el instituto, veranos después

Me había olvidado de todo, había elegido dejar de perseguir mis deseos y decidí taponarme para encajar en un lugar que en el fondo no quería encajar. Fue esa noche en un olvido en la que tropecé contigo sin querer hacerlo.

Fue esa noche el principio de un fin de reinados de maldad y de control. Me abriste los ojos y me diste alas aunque nunca pudiste verlas. Tu ausencia me hizo mejor, pero no porque tu presencia fuera dañina, sino más bien era la mía que me clavaba cristales.

A veces sigo echándote de menos, pero ya no es con dolor ni con resignación, sino que a veces pienso que en otra vida seguiría estando contigo y todo iría bien si pudiera ir.

Entonces, un día después de avanzar y trabajar en mí, decidí despedirme de ti y decirte adiós. Te vi desde el mismo banco que años antes nos volvió a unir. Y lloré, lloré mucho diciéndote adiós de forma intermitente.

Supongo que quería entrar en las salas de mi corazón y hacer la mayor mudanza de mi vida para dejar hueco a heridas nuevas que llegarían pronto.

Pero sí, siempre estarás en mi recuerdo, pero ya no con tintes de reproche, ni con un soslayo a media noche. Supongo que las historias tienen todas un fin, aunque no sea el que nos gustaría o el que provoca miles de entradas vendidas en el cine.

Pero hay algo de lo que estoy totalmente segura: me gusta quién soy, adoro en quién me he convertido y me quiero con mis valores, esos que crecieron en toda esta historia sin etiqueta de nombre propio y, en parte, gracias a ti.

Gracias por dejarme ser hasta cuando no podía serlo.

Sintiéndolo pero sin sentirlo

Cuando la luna se escape de las montañas y de las ventanas. Cuando mi mirada deje de ser tuya a ser nuestra. Cuando la lluvia cale mi rostro. Cuando mi corazón obtenga la llave. Cuando todo pase después de la tormenta y del otoño. Cuando se rasguen los sentimientos y se vuelvan transparentes. Y cuando todo esto pase daré miles de razones para seguir.

Es un sentimiento dulce y quemador, amargo y rasgador. Es una violencia insana que se rompe desde el corazón. Me paralizas, me desconfías y me obligas a tiritar pero también me alivias.

Seguirán sonando todos los violines que nunca sonaron y seguirán moviéndose las flores con el viento. Seguiré luchando por algo que no tiene victoria y por alargar una separación dolorosa pero que se tiene que dar.

Aunque me hagas feliz también me haces infeliz, aunque me hagas reír también me produces el llanto. Nos paralizaremos en ese momento, nos postraremos contra el cristal y podremos seguir, con dolor pero caminaremos.

Y, aunque todo se rompa, nunca dudes que una vez te quise. Adiós, adiós intermitente, hasta luego permanente.

Es mi final

Es mi final y es mi vida, es mi amor y es mi corazón que palpita lento.

Tenía miedo de todo y ahora no tengo miedo de nada. Estaba lúgubre y sin sentir nada, me dolía el alma cuando no me tenía que doler. Es fuerte y es grave a la vez.

Ventanas miradas

Intenté ser independiente aunque ya lo era. Me miré en las ventanas para ver si podía ver el aire. Me miré al espejo para saber quién era. Pero ahora estoy en el aire y ahora escaparé. Me moría entre las plantas intentando ser quien no era.

Ahora pienso en el pasado que no era perfecto. Ahora me muero entre las orquídeas que nunca me regalaste. Ahora pienso en todo y no pienso en nada.

Vivo entre las flores que me visten entre mis espejos y veo si todo es verdad. Ahora me toco el pelo. Ahora miro mis persianas y ahora me miro mil veces para dejar de no estar sola. Me siento bien y mal a la vez.

Pero hubo una repercusión en mi. Vida y eras tú. Me sentí fuerte y me sentí querida por mi amor que nunca se va y supongo que el tuyo tampoco.

Me miré fuerte y supongo que el amor está en mi cuerpo y mi corazón. Intenté ser fuerte en tu pérdida e intenté sacar mis sonrisas que no tenía porque no era fuerte y no era paciente, pero al final tampoco era fuerte.

Los cristales movidos

Me muevo entre cristales porque esta sociedad no me gusta. Esta historia que se ve lenta pero al final hace que tengamos una vida calzada a un zapato que no nos encaja.

Supongo que esta es mi vida y este es mi miedo y mi rencor hacia algo que ya no existe.

Siempre me vestí sola y siempre estuve en una planta que ni siquiera planté. Viví en una vida mediocre que pensaba que estaba bien.

A veces un color que no es favorito, a veces me sentí fuerte y débil a la vez.

Y sí, vivo mejor ahora que antes y puede que todos los demás también. Me duelen los miedos que ya no tengo. Y ahora vivo en un espacio lento y tranquilo que nunca me da miedo y veo las letras que me marcan y veo mis cielos, unas estrellas que brillan por mí.

Y estoy aquí saltando batallas que ni podía batallar. Estoy muerta en una relación que no ha muerto. Pero siempre que tengo más compañías y más sitios inevitables que no nacer aquí y renacer un rechazo que nunca hubo.

Tengo a mis amigos Felicidad que nunca creeré que tengo. Pero sí, hoy será una gran noche. Hoy es una posesión de vida, de vida infinita que llega rápido y siente que eres feliz. Pero nunca encontraré una vida tan plena como la que tengo ahora, porque ya no existes en la realidad, pero existes en mi corazón.

Las islas que se cruzan y esos pensamientos que duelen y reviven en un alma esta noche. Las vivencias que me dieron adelante y descubriendo problemas que no quería tener y ahora veo todo más claro y mejor. Ahora encuentro un viento esta noche.

Narcisista

Te dedico esta letra porque siempre absorbías de mí. Siempre intentabas ser mejor que yo aunque lo eras solo por intentarlo. Supongo que era por ser distinta a ti. Un contigo pero sin ti.

Tu mente me entretenía pero me hacía daño. Era un bucle infinito y era una sapiencia rota y muerta a mi alrededor que suplía un corazón roto. Era una vida rota y era cruel y era insaciable reconocer algo que yo no hice.

Era un espejo irrelevante en el que no nos veíamos y no nos reconocíamos en un tribunal. N tribunal que fui con otra persona que de verdad me apreciaba, era esa historia infinita que me quité de encima.

Me sentí

Me sentí insensible cuando no me dejaban hablar. Me sentí fuerte a mi lado, me sentí en bucles distintos que no podía parar. Me sentí fuerte en mil pedazos y me sentí alegre por estar en mi camisa de resplandor. Me sentí fuerte e inteligente. Mi camino está libre de esperanzas y fuerzas que se quiebran de un lado a otro. Me manipulaban como querían y me hacían daño para reírse de mí. Fue horrible, como lo son ellos.

Historia

Me siento feliz por entrar en una historia y salir de otra. Me hice mil promesas que antes no se cumplieron pero ahora sí. Me hice feliz por mis promesas que ahora se hacen realidad.

La primera que me vi en un espejo roto y lleno de colores se vio el rostro en mil pedazos y se volvieron grandes y se veían gris.

Me sentí feliz y alegre de estar contigo. Me sentí fuerte y me sentí alegre de estar contigo. Con mis promesas y las tuyas.

El viento rema sobre mi marea y se rinde fuerte y se vuelve loco al verme. Me sentí fuerte en una granja llena de flores con mis secretos y mis palomas.

Me sentí fuerte me sentí en calma. Me sentí de mil maneras y me sentí débil a la vez de que me hicieran daño.

En el silencio

En el silencio lloro porque no me dejan tener mi vida propia. En el silencio me arrepiento de cosas que no hice provocado por mi bullying que me hizo enfermar. Me duele mi vida y mi corazón, me duele tu pérdida y me duele tu vida sin mí. Me duelen mis lágrimas que siguen sin secarse, me duelen las angustias que me hicieron y me duelen mis piernas de no saber vivir bien.

Dulce disposición

Hace tiempo me hicieron una disposición preciosa y tenía miedo.

Me dijeron que era lo más bonito que habían conocido y no me lo creía porque en ese momento no podía ni hablar ni pensar.

Era una chica perdida y ahora soy una mujer que está cumpliendo sus sueños aunque se los arrancaran. Porque de la raíz salen flores. Tengo la semilla más bonita del mundo.

Por mi salud y por mi suerte correcta, por mis momentos que dolieron pero todo lo que he crecido. He sido más veces más feliz de las que me creo.

Tengo que dejar de ser tan dura conmigo misma, porque en el fondo no tengo que esforzarme, solo fluir. Ya me esforcé en su momento y ahora es un sueño que estoy cumpliendo.

No tengo miedo, ya no, me tengo que demostrar lo que de verdad quiero cumplir y lo que quiero resurgir.

Mi paz eterna

Algún día descubrí lo que es la paz interna de mis sueños, lo que es estar tranquila, como si estuvieras en el bosque y en el mar a la vez.

Como si estuvieras rodeada de piedras blancas, conchas y arena al mismo tiempo.

He estado en el mismo infierno y ahora resurjo de unas cenizas que no tienen que ser del ave fénix.

Son cenizas mágicas, cenizas fuertes que se arraigan en mi ser y en mi luz. Son fuertes y potentes como yo. Siempre dijeron que era débil pero lo confundían con educación y lágrimas de emoción.

Esas personas creían que me quitaban la paz, pero esa paz volvió al darse cuenta que solo era una pura envidia, de todo el dolor que ellas se generaban al verme.

Me caí

Me he caído miles de veces, me caí de la cama y de la cuna y eso que no nací. Me he muerto miles de veces, pero sigo aquí, viva.

Estoy en ese territorio que me hace gritar, que me hace sentir viva y destruida a la vez. Nací gracias al amor que todas las personas me dan. A veces siento que no estoy bien, pero eso puede ser que vuelva a vestir con una sonrisa.

Tengo miles de horas tomándome un café y luego mi vida tiene un vuelco porque no sabía cómo hablar, no sabía cómo sentir, no sabía cómo levantarme.

Soy un fénix que renace del agua, que viste o muy bien o viste muy mal. Pero ya me he vuelto a despertar y quiero sentir, quiero despertar y quiero quererme como tal.